MADAGASCAR

NEUVIÈME SÉRIE. — Format in-12.

POITIERS. — TYPOGRAPHIE OUDIN.

CHARLES SIMOND

MADAGASCAR

PARIS
H. LECÈNE ET H. OUDIN, ÉDITEURS
17, RUE BONAPARTE, 17
1887

Tamatave.

PREFACE

Ce petit ouvrage est basé sur les grands travaux qui font autorité, et principalement sur ceux de MM. Alfred Grandidier et Henry d'Escamps; il a pour objet de présenter, dans un cadre restreint, l'histoire physique, ethnographique et politique de l'île de Madagascar, à laquelle nous rattachent des intérêts considérables. L'auteur de ce volume ne pouvait avoir la prétention de faire une œuvre originale; mais, tout en se bornant à résumer rapidement les nombreux documents de haute valeur déjà publiés sur ce sujet, il s'est attaché à n'omettre dans cette monographie aucun des faits dont la connaissance est indispensable. Il a voulu offrir au public auquel ce livre est spécialement destiné un exposé succinct, à la fois simple et précis, exempt de sécheresse, malgré sa concision, et pouvant servir utilement de point de départ d'une étude plus approfondie, dont les éléments se trouvent indiqués dans la bibliographie générale placée à la fin de cet opuscule. C'est ce programme limité que nous nous sommes efforcé de remplir avec fidélité et avec soin.

Paris, mars 1886.

CHARLES SIMOND.

MADAGASCAR

PREMIÈRE PARTIE

I

MADAGASCAR. — LE LITTORAL.

Par sa situation géographique et par ses dimensions insulaires, Madagascar, apppelé aussi la Grande-Terre, est la reine de l'Océan Indien. Dominant, à l'entrée de la mer des Indes, à la fois le passage du cap de Bonne-Espérance, le canal de Mozambique et le détroit de Bab-el-Mandeb, cette île, clef des deux routes de l'Inde, est la plus importante du monde, sous le rapport de l'étendue, après l'Angleterre et Bornéo. Elle est située à vingt jours de Paris par le canal de Suez, et elle occupe un territoire évalué à 590.000 kilomètres carrés, dont la superficie dépasse d'environ un douzième celle de la France.

Vue de la mer, cette île magnifique offre dans le lointain l'aspect d'un vaste amphithéâtre de montagnes superposées, qui sont comme les échelons des chaînes principales. Ces échelons gigantesques forment une sorte d'escalier colossal de verdure, où la pensée émerveillée monte involontairement de marche en marche, des bords de la mer jusqu'aux plateaux supérieurs de l'île (1).

Physiquement Madagascar se compose de trois zones : la côte proprement dite, la région forestière et le plateau central. La côte est en général plate, très souvent basse et marécageuse. Cette première zone a de 10 à 80 kilomètres de largeur à l'est et de 80 à 160 et quelquefois plus à l'ouest. Au delà de ces plages règne une ceinture de montagnes boisées, de collines, de plaines, tantôt désertes, tantôt cultivées, de sombres forêts, de savanes couvertes de hautes herbes ; au-dessus de cette zone de forêts émerge le plateau central, dont l'altitude est de 3 à 4.000 pieds, avec de hauts sommets atteignant de 4 à 5.000 pieds. Ce plateau est formé de chaînes qui courent du nord au sud. L'aspect général de cette région est

(1) D'Escamps. (*N. B.* Nous ne donnons en note que les noms des auteurs. Les titres des ouvrages se trouvent indiqués dans la Bibliographie générale, à la fin du volume.)

désolé. Cependant le paysage ne manque pas de grandeur, à cause de l'immensité de l'horizon et de la pureté de l'atmosphère qui rend les objets distincts à une distance presque incommensurable (1).

Au nord, l'île, allongée en pointe, se termine par le cap d'Ambre. Sur la côte orientale, l'Océan Indien découpe quelques endentations. La première que l'on trouve en descendant du nord au sud, est la baie de Diego-Suarez, unique au monde et laissant loin derrière elle celle si célèbre de Rio-Janeiro (2). Un peu plus, au midi, se trouvent le port Louquez et la baie de Vohemar; plus loin la baie d'Antongil, la plus profonde de toutes. Longtemps occupée par la France, elle abrite Port-Choiseul. A 90 kilomètres au midi de la baie d'Antongil, s'étend, parallèlement à la côte, l'île Sainte-Marie, possession française. Elle forme à son extrémité nord, avec la Pointe-à-Larrée, la baie de Tintingue, où peuvent mouiller les vaisseaux de haut bord. Plus au sud se présente la baie de Fénériffe, réputée la plus mauvaise de la côte de l'est. Un peu plus loin est Foulepointe, station commode parce qu'elle est à la fois voisine de Tamatave, de Sainte-Marie et d'Antongil. Tamatave, qui se trouve plus bas, n'était autrefois qu'un village de pêcheurs. C'est au-

(1) Sibrée. — (2) D'Escamps.

jourd'hui le principal marché de la côte orientale. Sa rade spacieuse et sûre est la plus fréquentée par les bâtiments de Maurice et de Bourbon. A partir de Tamatave jusqu'à la baie de Sainte-Luce, il n'existe aucun abri pour les navires. La côte est droite, basse, semée de lacs et d'étangs formés par la barre qui obstrue les bouches des rivières.

A l'extrémité méridionale s'ouvre la baie de Sainte-Luce qui a environ 6.000 mètres de développement. C'est le premier point de Madagascar où la France ait eu un établissement.

La côte méridionale ne présente guère de mouillages remarquables, hormis le Fort Dauphin. Le cap le plus au sud est celui de Sainte-Marie. Ici le littoral devient nu, sans abris et souvent dangereux.

Sur la côte occidentale, la première anfractuosité remarquable est la baie Saint-Augustin (Isalaré). Dans sa partie septentrionale, se trouve le port Tulléar, et à deux heures de là au sud, est la presqu'île de Tsaroundrano, dont le commandant Fleuriot de Langle prit solennellement possession sous Napoléon III. Beaucoup plus loin, toujours au nord, est l'archipel des Assassins, où le brick français la *Grenouille* a été pillé et son équipage massacré en 1852.

La côte nord-ouest est la plus saine, la plus hospitalière, la plus riche en havres, la plus favorable à la colonisation. Les baies sont com-

Le Mangourou, rivière de Madagascar.

modes et spacieuses, larges et sûres, offrant l'abri de leurs eaux magnifiques à des flottes entières.

De toutes ces endentations la plus importante est celle de Bombétok. Les terres qui circonscrivent ce magnifique bassin présentent un aspect agréable et varié, où tout accuse la présence et l'activité de l'homme (1). Aucun port malgache n'offre autant d'avantages et de sécurité. Le sol étale ici, avec un luxe inouï, la richesse de sa fécondité ; le panorama qui se déroule sous les yeux est majestueux.

II

LE RELIEF ET LES EAUX.

L'île de Madagascar est le résultat de soulèvements géologiques probablement contemporains de ceux des chaînes de l'Afrique orientale. Presque tous les géographes ont émis l'opinion que l'île est traversée dans toute sa longueur par une chaîne se tenant en équilibre à égale distance des deux mers, et constituant comme l'épine dorsale de Madagascar. MM. Grandidier et d'Escamps ont démontré que cette théorie systématique est erronée : suivant eux, il n'existe pas de chaîne

(1) D'Escamps.

centrale, mais une série de chaînes parallèles, limitant le plateau à l'est et à l'ouest.

On ne trouverait pas dans beaucoup d'autres pays une aussi vaste surface de terrain couverte d'une pareille masse de montagnes. Plus de 90.000 milles carrés ont été bouleversés par les éruptions granitiques qui se sont succédé à Madagascar. Aujourd'hui l'action volcanique paraît avoir entièrement cessé dans l'île ; mais les vestiges en sont nombreux. La tradition locale confirme cette assertion. « Tu vois, disent les indigènes au voyageur, en indiquant les cavernes du mont Fangoury, la demeure de celui que les Sakalaves appellent l'ennemi des hommes ; c'est sous ces voûtes ténébreuses qu'il a bâti son palais ; il est le maître du feu qui dévorerait, s'il le voulait, les Malgaches et leurs troupeaux. La terre elle-même ne pourrait lui résister : aussi le roi Ramitrah a-t-il soin, pour apaiser ce génie, de lui sacrifier des taureaux à toutes les nouvelles et pleines lunes ; car ce sont les époques où il a soif de sang. Plusieurs générations de Sakalaves ont été ensevelies dans l'estomac de feu du géant. Cependant, depuis plusieurs siècles, il reste enfermé dans son palais, couché sur des monceaux d'or qui lui servent de lit (1). »

De ce système orographique résulte la divi-

(1) Grandidier.

sion de Madagascar en deux versants principaux : 1° le versant oriental, qui est peu étendu; 2° le versant occidental, qui donne naissance à des rivières importantes par l'étendue de leur cours. Les eaux du versant oriental se déversent dans la mer des Indes ; celles du versant occidental, dans le canal de Mozambique.

Aucun cours d'eau de la côte n'est navigable au delà de 8 à 10 milles, même pour les petites pirogues. Plusieurs rivières sont réunies entre elles par des chenaux naturels, dus à ce que la mer, amoncelant continuellement du sable sur la plage, ferme les embouchures toutes les fois que le courant n'est pas rapide. Les eaux ainsi arrêtées se répandent à droite et à gauche et forment des lacs ou des marais souvent très étendus. Les uns sont isolés et séparés par des isthmes appelés *pangalones*; les autres communiquent entre eux ou avec les rivières voisines.

Bien que les communications fluviales ne soient pas commodes à Madagascar par suite du manque de rectification et de canalisation, les indigènes n'en tirent pas moins un grand parti de leurs rivières, sur lesquelles le trafic quotidien est considérable en aval et en amont. Les colons étrangers ont également su mettre à profit ces avantages en établissant leurs plantations sur les rives des cours d'eaux. La navigation intérieure se fait presque exclusivement en pirogues, embarcations creusées dans des troncs d'arbres. Ces pirogues n'ont ni balancier ni quille, et quoique leur construction soit primitive, elles n'offrent relativement aucun danger. La manœuvre a lieu à l'aide de pagaies en forme de pelles. On ne se sert de rames qu'aux embouchures des grandes rivières. Quelques pirogues ont des voiles. Dans le sud-est, on construit des bateaux en attachant ensemble des planches avec des lanières.

La végétation
de Madagascar.

III

CLIMAT, SOL, PRODUCTIONS, FLORE ET FAUNE.

La grande étendue de Madagascar et la grande diversité de sa configuration y déterminent de nombreuses variations de climat. Sur le littoral, la chaleur est étouffante et provoque des fièvres dangereuses. Celles-ci règnent également sur la côte orientale, qui doit à ses miasmes délétères le funèbre surnom de *cimetière des Européens*. Ces fièvres, semblables à celles des *polders* néerlandais, sont surtout bilieuses et ne deviennent putrides et malignes que lorsqu'on les néglige. Elles sont dues presque exclusivement aux pluies diluviennes qui inondent chaque année le pays, et surtout au débordement des rivières.

Toutefois, les miasmes morbides des côtes insalubres de Madagascar n'étendent leur influence qu'à dix lieues à peine dans l'intérieur des terres.

A l'ouest et surtout au nord, le littoral est complètement exempt de ces dangers. Sur les plateaux et dans les hautes vallées de l'intérieur, la température est fraîche, la pluie moins fréquente et le climat généralement sain. Quelques voyageurs affirment que celui de la région habitée par les Hovas est même, sous le rapport de la salubrité, meilleur que celui de la France.

L'année climatologique se divise, à Madagascar, en deux saisons nommées par les Européens : l'une *bonne saison* ou *saison sèche*, l'autre *mauvaise saison* ou *saison pluvieuse*. Cette dernière est l'époque des pluies d'orage, des bourrasques, des ouragans : elle est communément désignée dans les colonies sous le nom d'*hivernage*. La saison sèche commence en mai, et finit vers le milieu d'octobre. La chaleur est alors tempérée ; de très fortes brises, soufflant pendant le jour, renouvellent et purifient l'air. La mauvaise saison commence vers la fin d'octobre, et continue jusqu'à la fin d'avril. C'est en janvier et février que la chaleur atteint son maximum d'intensité.

Grâce aux conditions exceptionnelles de richesse et de fécondité du sol, la nature produit à Madagascar une abondance et une variété de végétaux, de minéraux et d'animaux, dont il serait difficile de se faire une idée exacte, et qui excite l'admiration, le ravissement des explorateurs de cette magnifique contrée. « C'est une terre de promission, s'écriait Commerson ; la nature semble s'y être retirée comme dans un sanctuaire particulier pour travailler sur d'autres modèles que ceux dont elle s'est servie ailleurs. » Tous les naturalistes, tous les voyageurs partagent cet enthousiasme.

Le riz est aujourd'hui la plus importante production agricole de Madagascar. Seule entre toutes en effet, cette céréale, par son prodigieux rendement, peut répondre aux besoins d'alimentation d'un pareil peuple, aggloméré, entassé dans les limites étroites de ses vallées. On distingue dans l'île au moins onze sortes de riz. Le plus beau est celui de Manourou, quoiqu'on lui préfère à Bourbon le riz rouge des environs de Fort Dauphin.

Le riz se cultive de diverses manières. Dans certains endroits, par exemple dans les clairières des forêts de l'est, où, après l'écobuage, on emploie les cendres des souches comme engrais, on le sème et le plante comme le froment, sans irriguer. Dans les terres hautes au contraire, on le submerge, et les naturels montrent une rare habileté dans l'aménagement de leurs rizières. Autour de la capitale, la plaine plate et basse ne réclame pas beaucoup d'industrie pour tenir constamment les plantations de riz sous eau : on y réussit en pratiquant d'étroits chenaux ou des fossés d'irrigation. Mais ailleurs il faut mettre en œuvre des moyens moins simples. Après avoir choisi un lieu favorable pour l'établissement de la rizière, on y amène l'eau en creusant des ravins en pente dans le flanc des montagnes. Ces ravins sont traversés par des aqueducs de construction grossière formés d'arbres évidés, mis bout à bout comme des drains et retenus à leurs points de jonction par de grands pieux enfoncés en terre. Une fois la conduite des eaux ainsi réglée, on construit dans toutes les parties utilisables de la vallée, des terrasses faites de telle façon que leur excédent d'irrigation retombe sur celles qui sont au-dessous. On alimente ainsi jusqu'à cent et cent cinquante terrasses de rizière avec une même source arrivant d'abord à la terrasse supérieure et par des chutes successives irriguant jusqu'à la plus basse.

Le riz se sème dans un endroit abrité du vent et assez rapproché des habitations pour empêcher les déprédations des oiseaux. Lorsqu'il a atteint une hauteur de huit pouces environ, on l'arrache pour le transplanter dans la rizière proprement dite. Ce travail est généralement fait par des femmes. A l'exception du sarclage, qui n'a lieu qu'une fois pendant toute la durée de la croissance de la plante, le riz ne réclame guère d'autres soins que le maintien constant de la submersion des racines. A l'époque de la récolte, des troupes d'enfants chassent à coups de fronde et de pierres les essaims de *fody*, oiseaux qui infestent les rizières et se nourrissent du grain mûr. La moisson se fait par toute la population de la localité. On coupe le riz au pied avec le couteau, et on le bat et le vanne, on l'emmagasine ensuite selon des procédés différents : les uns le gardent dans des silos couverts de nattes, d'autres le remisent dans des maisonnettes élevées sur pilotis à cinq ou six pieds du sol (1).

Madagascar est, comme nous l'avons déjà dit, entouré d'une ceinture de bois presque continue de 10 à 20 milles de largeur, et offrant des essences d'une infinie variété : l'ébène, le teck, l'acajou, le camphrier, le palissandre, le bois de benjoin, de rose, des bois de charpente de huit espèces, des bois résineux, des bois de teinture. Un arbre dont il est fréquemment question dans les relations est le *ravinala*, que les Européens et les créoles des Antilles et des îles de France et de Bourbon appellent *l'arbre du voyageur*, parce que l'on trouve entre les aisselles de ses feuilles de l'eau très fraîche et très bonne à boire. Il a le tronc d'un palmier et les feuilles d'un bananier, mais plus épaisses et plus fortes. La boisson rafraîchissante qu'il fournit au voyageur altéré n'est, au vrai, que de l'eau de pluie. Mais l'imagination poétique de certains voyageurs lui a fait, comme on voit, à peu de frais, une célébrité. Il en est de même de l'arbre *cannibale* ou du *mangeur d'hommes*, qui n'existe que dans la fantaisie de quelques écrivains, et auquel on attribue fictivement la propriété d'enlacer dans ses fibres des êtres humains, et de les étouffer.

(1) Shaw.

Il y a cependant à Madagascar un arbre réel, qui est très dangereux pour l'homme: c'est le *tanguin,* qui porte un fruit rouge, gros comme une pêche, de forme oblongue, dont le suc coagule le sang, en occasionnant d'affreuses convulsions et de terribles souffrances.

Madagascar est abondamment pourvu d'arbres fruitiers, au premier rang desquels figurent le bananier, le goyavier. L'oranger y a été introduit récemment. La vigne y vient sans culture et donnerait de bon vin si les Hovas savaient en tirer parti. Citons encore l'avocat, le mango, la pêche, la grenade, le coing, la figue.

Parmi les curiosités de la flore nous signalerons la sensitive, dont les feuilles se replient sur elles-mêmes au plus léger contact, le laget à dentelle (*Daphne lagetto*), arbrisseau très singulier de la famille des thymélées, dont on mange la racine, et dont la feuille, qui a environ quatorze pouces de long, ressemble à une broderie. Dans les marais, sur la côte orientale, on trouve une autre plante curieuse, ayant au bout de chacune de ses feuilles un long filament auquel est suspendue une excroissance semblable à un pot muni d'un couvercle (1).

Les productions minérales de Madagascar offrent également un grand intérêt. A 20 lieues

(1) Shaw.

au sud-ouest de Tananarive, on rencontre des mines de cuivre et de plomb. Dans l'Imerina il y a des gisements de plombagine et de manganèse. Les montagnes renferment beaucoup de minerais de fer. L'île fournit aussi du marbre, de l'asphalte, de la houille, des pépites d'or, des pierres précieuses, et surtout des massifs de cristal de roche très éclatant (1).

Madagascar a une faune qui lui est particulière. Le détroit qui sépare l'île de la côte d'Afrique est trop large pour que les grands quadrupèdes de ce continent aient pu venir s'y fixer. Aussi n'y rencontre-t-on ni éléphants, ni lions, ni aucun des animaux de cette classe. En fait d'animaux sauvages, l'île possède seulement en abondance des bœufs zébus, remarquables par leurs longues cornes et la loupe graisseuse qu'ils ont entre les épaules et dont la graisse est très estimée des gourmets malgaches. Mentionnons encore les onagres, les moutons à grosse queue, les sangliers, les chats et chiens errants, échappés à la domesticité et revenus à l'état sauvage.

Quant aux animaux qui n'ont pas été importés dans l'île et qui ont leur place à part dans l'échelle zoologique, ils se trouvent représentés dans la collection du Muséum d'histoire naturelle à Paris, grâce aux travaux et aux efforts de M. Al-

(1) Grandidier.

fred Grandidier et de M. Alph. Milne-Edwards. M. Grandidier a traité supérieurement cette

Bélier de Madagascar.

question, et c'est à son magnifique ouvrage qu'il faut renvoyer ceux qui veulent approfondir ce sujet. Dans cette faune madécasse, qu'il est impossible et, d'après notre programme, hors de propos d'énumérer ici, nous signalerons surtout les indris, les lémurides à queue fourrée, les makis, les aye-aye, les tendracs.

Les lémurides forment, dans la série des êtres, un ordre complètement distinct, se rapprochant des singes. Ils sont de tous les mammifères qui habitent l'île les plus nombreux en espèces et en individus. Les plus jolis makis sont de la grandeur d'un chat ordinaire, mais plus minces. Leur fourrure, tachetée de gris, de blanc et de noir, ressemble à celle de l'hermine et pourrait avoir de la valeur en Europe, s'il était possible de la conserver, car on pourrait s'en procurer par milliers. La plus grande des makis, le *vari kanda*, est noire et blanche ; elle a au cou une sorte de fraise noire qui contraste singulièrement avec l'extrême blancheur du reste du corps. Ses pattes sont couvertes, jusqu'aux genoux, de poils noirs disposés exactement comme des gants de Crispin ; sa queue est d'un noir luisant. Elle est grosse comme un angora et de mœurs très douces.

Les aye-aye, de la famille des écureuils, ne sont pas moins curieux à étudier. On ne connaît pas très exactement les mœurs de ces quadrumanes nocturnes et sauvages. Ils font leurs nids dans des creux d'arbres et les bâtissent quelquefois tout en haut avec des feuilles et de l'herbe. Les indigènes rattachent à cet animal un grand nombre de croyances superstitieuses. Ils croient généralement que le corps de l'aye-aye sert de séjour aux esprits des ancêtres : aussi le respectent-ils avec une grande vénération, et lorsqu'ils en trouvent un de mort, ils l'enterrent avec solennité.

Le tendrac est une sorte de hérisson du genre insectivore, gros comme un lapin domestique ; il dort en terre pendant sept mois, s'engraisse et devient excellent à manger.

Les espèces ailées sont variées à Madagascar. Les forêts sont peuplées de colibris au plumage brillant, de pintades, de merles, de faisans, de perdrix, de perruches noires, de ramiers verts, de pigeons bleus ou hollandais à crête rouge. Les perroquets sont plus gros que ceux d'Europe et parlent très distinctement. Souvent, en longeant une rivière, on aperçoit tranquillement posé sur une plante aquatique un oiseau gros comme un pigeon, que les Malgaches appellent le « bel oiseau de la rivière », et qui, d'après eux, est le protecteur des hommes, parce qu'il annonce toujours la présence du caïman. Parmi les petits oiseaux, il faut mentionner la perruche verte, le cardinal, le coubri, dont le mâle a un délicieux plumage, et le terpsiphone, qui a deux longues plumes étroites à la queue et que, pour cette raison, l'on appelle souvent improprement oiseau de paradis, lequel n'existe pas à la Grande-Terre. C'est également à Madagascar que l'on a trouvé les œufs et les os d'un oiseau gigantesque connu dans la science sous le nom d'*épyornis* (1).

Il y a aussi à Madagascar des reptiles et surtout des serpents, mais aucun de venimeux. Les crocodiles y sont très communs et dangereux. Il y a des caïmans qui ont jusqu'à cinq mètres de long. Jamais ils n'attaquent l'homme à terre. Les Malgaches les prennent comme on pêche les requins, avec un émérillon auquel on attache un morceau de bœuf et qu'on dépose sur les eaux. Plusieurs hommes cachés dans les joncs tiennent une corde à laquelle cet appareil est fixé; ils attendent que l'animal l'ait avalé, puis deux ou trois l'attaquent et le tuent à coups de zagaie.

(1) Grandidier. (Voir dans le grand ouvrage de cet auteur les admirables planches de la série ornithologique.) Nos lecteurs trouveront des détails complets sur l'*épyornis* dans un intéressant petit volume de M. Montagnac intitulé le *Géant des oiseaux.* (Paris, H. Lecène et H. Oudin.)

DEUXIÈME PARTIE

I

LA POPULATION.

La population de Madagascar est diversement évaluée. Suivant M. Grandidier, elle est de quatre millions ; d'autres au contraire ne la portent qu'à deux millions. Il n'existe jusqu'ici aucune donnée précise à cet égard.

Les naturels de Madagascar, quelle que soit leur tribu ou leur origine, sont communément désignés sous le nom de Malgaches. Ils appartiennent à trois races : 1° la race malaise : ce sont les Hovas les plus intelligents, les plus énergiques, les plus disciplinés, et aussi les plus fourbes, les plus cruels, les plus vicieux, les plus intempérants ; 2° la race nègre, qui a pour type principal les Sakalaves, agriculteurs, superstitieux, turbulents, vaniteux, agiles, en général hospitaliers, mais cupides et voleurs ; 3° la race blanche mêlée, représentée par les Arabes Antalaots du nord-ouest et du sud-est.

M. Grandidier a très nettement spécifié les caractère généraux des peuplades de Mada-

Types de Madagascar.

gascar et les traits particuliers qui les différencient au point de vue ethnographique,

« Les habitants de Madagascar, dit-il, n'appartiennent pas plus à une seule et même race que l'île entière n'appartient à un même roi ; les races caucasique, cafre, mongole, se sont mélangées et croisées dans ce coin de terre avec les indigènes. Les autochtones sont facilement reconnaissables sur la côte est, où le type s'est conservé le plus pur ; leur face est toute aplatie ; leur nez est écrasé à la racine, et leur chevelure touffue et globuleuse en *tête de vadrouille.* Les peuples de la région occidentale qui, de temps immémorial, sont en contact avec les nations étrangères, n'ont pas la lourde physionomie des autres Malgaches ; les navires de la Judée qui venaient jadis à Sofala, les jonques chinoises qui se rendaient à la côte sud-est d'Afrique, plus tard les boutres arabes abordaient souvent sur la côte ouest de Madagascar : aussi y trouve-t-on, parmi les hommes libres, beaucoup d'individus à type caucasique, à cheveux lisses ou ondulés, à teint assez clair ; chez les esclaves, on constate les traces évidentes de croisements fréquents avec les Cafres. Une troisième race, bien distincte des deux autres, qui appartient évidemment au grand tronc mongolique, a aussi fait irruption à Madagascar, et s'est longtemps conservée au centre de l'île, assez pure de tout mélange : ce sont les Hovas. Des yeux allongés et bridés, des pommettes saillantes, des cheveux lisses et raides, un teint jaune ou cuivré ne permettent pas le moindre doute sur leur origine asiatique (1).

Les Sakalaves sont les premiers et les légitimes possesseurs de l'île ; mais les Hovas l'ont réduite presque en entier sous leur domination. Cette peuplade des Hovas eut une destinée presque incroyable. Elle était réduite à l'abjecte et maudite condition du paria. Le Hova vivait isolé des Malgaches qu'il reconnaissait pour maîtres, et auxquels il payait un tribut en nature. Les objets qu'il touchait étaient déclarés impurs; la case où il avait reposé était brûlée. Pour éviter toute surprise, il avait incendié autour de lui les forêts, fait un désert de son pays et planté ses villages sur les mamelons de la plaine. Rendu défiant et triste par la proscription, il était en même temps faux et cruel par esprit de vengeance, souple et rampant par esprit d'ambition : aussi n'attendait-il qu'une occasion de donner carrière à des instincts de représailles et d'usurpation. Lorsqu'à la fin du siècle dernier un homme supérieur, Andrianampouine, vint relever le Hova de la servitude avec l'aide des Anglais, il le trouva prêt à s'emparer avec lui de l'autorité. Aussi en moins d'un demi-siècle la domination des Hovas s'est-elle étendue sur la moitié de l'île. De Fort Dauphin au cap d'Ambre et de là à la baie de

(1) Grandidier.

Bombetock, toutes les tribus reconnaissent aujourd'hui leur autorité.

Bien que la fusion entre les races qui ont peuplé l'île de Madagascar soit loin d'être achevée, le climat, les rapports continuels, une organisation politique peu différente ont fini par leur donner une certaine similitude de mœurs, d'habitudes, de coutumes ; aussi peut-on les étudier ethnographiquement sous une même vue d'ensemble.

Comme tous les peuples dans l'enfance, les Malgaches, sauf quelques exceptions, sont curieux, superficiels, vantards, superstitieux, vindicatifs, sensuels, prodigues, crédules. Ils ont une aversion prononcée pour les exercices corporels et intellectuels. Jeunes, ils vivent dans l'oisiveté et les plaisirs ; vieux, dans l'indolence ; sans souci du passé ni de l'avenir, de la vie ni de la mort, ils ne s'occupent que du présent et le consacrent tout entier au repos, ou plutôt à l'indifférence, bornant leur travail à se construire une cabane, à nettoyer un peu la terre qui reçoit le riz, le quel pousse de lui-même.

Le désir de la domination a seul développé chez les princes hovas des tendances contraires à celles du reste de la population ; mais ils n'ont vu dans l'éducation que l'avantage de la supériorité donnée par la culture de l'intelligence ; et ils n'ont eu d'autre dessein, en accueillant les missionnaires anglais et leurs enseignements, que de s'instruire pour rester les plus forts. Cette instruction n'a en effet développé chez eux aucune notion saine de la morale. Ils croient encore aujourd'hui que la dissimulation, la fourberie, le mensonge sont des vertus et des signes de capacité, d'habileté, de talent : aussi s'efforcent-ils de développer ces penchants funestes. Ce système prédomine dans toutes leurs transactions commerciales ou politiques avec d'autres peuples. Leurs diplomates sont doués d'une finesse et d'une astuce dont les Européens ont peu l'idée (1).

Le vol est fréquent parmi toutes les tribus malgaches ; et les truands de la Cour des Miracles, les filous les plus experts de Paris ou de Londres ne sont que des novices auprès de ces enfants de la nature. L'ivrognerie n'a aucune borne chez quelques tribus ; et la passion des Malgaches pour l'arack dépasse tout ce que peut se représenter l'imagination.

Cependant, à côté de ces défauts et de ces vices, les Malgaches, en dehors des Hovas, ont des qualités précieuses. Beaucoup d'entre eux sont bons, affectueux, complaisants. Ils respectent les liens de la famille, aiment leurs enfants avec une affection et une sollicitude exemplaires, vénèrent les tombeaux et professent avec une grande piété le culte des ancêtres.

(1) H. d'Escamps.

L'habitation générale des Malgaches est la case, espèce de chaumière composée d'une carcasse en charpente et revêtue de feuillage de ravinala. La seule différence qu'il y ait entre celles du riche et du pauvre, c'est que dans le premier cas les traverses du bâtis sont plus fortes. La case est élevée de quelques pieds au-dessus du sol pour la mettre à l'abri des inondations. Elle se partage en deux pièces, dont l'une est la chambre à coucher et l'autre la cuisine. Au milieu de celle-ci est un objet important pour les Malgaches, le *salaza*, espèce de gril de quatre à cinq pieds de long, de large et de haut, sur lequel on fait boucaner la viande. Plus un homme est riche, plus son salaza doit être grand et malpropre, car aux yeux des naturels c'est un signe qu'il traite souvent ses amis. Le plancher est en lattes de bambou. Le mobilier est simple: un lit élevé sur quatre pieux, des tabourets de nattes rembourrées avec des feuilles sèches, des paniers en jonc de diverses grandeurs, quelques ustensiles en terre, et, comme objet de luxe, quelques nattes.

Le riz forme la base de la nourriture. On y joint des légumes, des fruits, de la volaille, de la viande de bœuf.

Le principal et souvent l'unique vêtement du Malgache, est le *sadik* ou *séidik*, pièce de toile large d'une demi-aune et longue d'une aune, qu'on attache négligemment autour des reins en ramenant entre les jambes les deux bouts que l'on fixe dans la ceinture, pour les laisser pendre ensuite l'une en avant, l'autre en arrière, sans dépasser le genou. Ils ont aussi une sorte de toge appelée *simébou*, pièce d'étoffe d'environ quatre aunes de long sur trois de large, et dont ils se drapent à la manière des Romains, ou qu'ils portent roulée en ceinture autour du séidik.

Les femmes portent le séidik, mais plus long que celui des hommes ; elles ont également le simébou, dont elles s'enveloppent entièrement jusque sous les bras. C'est leur toilette du matin. L'après-midi, elles ont une espèce de *canezou*, sorte de corsage dont les manches descendent jusqu'au poignet, et qui leur serre tellement la poitrine et les bras qu'il est très difficile de l'ôter sans le déchirer : aussi le jette-t-on quand il est sale. Le séidik n'est pas joint au canezou, et le tour du corps est à découvert sur une largeur d'environ un pouce.

La coiffure commune aux deux sexes ressemble à une toque d'avocat qui serait faite en jonc ; on ne s'en coiffe que pour se préserver du soleil.

Les Malgaches se tatouent. Les femmes du peuple ne portent pas d'ornements. Celles de la classe aisée ont aux oreilles de grands anneaux d'or, et au cou des colliers en cheveux qui viennent des îles Maurice et Bourbon. Elles attachent leurs canezous avec des broches en or appelées *bokhs*.

La polygamie est pratiquée dans toute l'île. Le moindre chef de village possède au moins trois femmes.

Une des coutumes les plus singulières est celle du *fattidrah* ou *serment du sang*. C'est l'engagement que prennent deux personnes de s'aider réciproquement pendant la durée de leur existence, et de se considérer comme si elles avaient une origine commune. Le fattidrah est accompagné d'une cérémonie solennelle. « Dans un vase contenant de l'eau, un vieillard plonge la pointe d'une zagaie, dont les deux contractants tiennent la hampe, puis un autre individu jette dans le vase de la monnaie, de la poudre, des pierres à fusil, des balles, des morceaux de bois et de la terre prise aux quatre points cardinaux. En même temps celui qui dirige la cérémonie frappe à petits coups avec un couteau la hampe de la zagaie en rappelant le sens symbolique de chacun des objets mis dans le vase ; il demande ensuite aux deux futurs « parents » de s'engager par serment à s'aider mutuellement, et il les menace des peines les plus terribles en cas de parjure, puis il fait à chacun d'eux avec un rasoir une petite incision au-dessus du creux de l'estomac, imbibe deux morceaux de gingembre du sang qui coule de la blessure et les donne à avaler à l'un et à l'autre des « parents » ; il fait boire ensuite dans une feuille de ravinala une petite quantité de l'eau qu'il a préparée. Après la cérémonie, on se rend à un banquet. » Une femme peut faire le serment du sang avec un homme, deux femmes peuvent l'échanger entre elles, un étranger le contracte avec un indigène, un roi avec un souverain ou un ambassadeur d'une autre contrée.

La religion des Malgaches était autrefois un mélange de fétichisme et de déisme dans lequel apparaissait la croyance généralement admise en Orient des deux principes du bien et du mal. La masse de la population est restée attachée à ces pratiques superstitieuses, ainsi qu'à ses sorciers (*ombiènes*) et à ses *sikydys* (interprètes des oracles) ; mais la reine et les hauts personnages sont aujourd'hui convertis au protestantisme.

II

ADMINISTRATION, INDUSTRIE, COMMERCE.

Depuis la prise de possession de la plus grande partie de l'île par les Hovas, le pouvoir y appartient presque exclusivement à cette tribu. Le gouvernement est absolu, et exercé, sous le règne des femmes, par le premier ministre qui, avec ses collègues. se réunit chez la reine en conseil (*Kaba*), où se prennent les résolutions politiques. Des courriers trausmettent les ordres de la reine et des ministres aux gouverneurs des provinces qui cumulent les

Officiers indigènes.

fonctions militaires, civiles, judiciaires et financières. Les titres et les rangs sont répartis d'après une hiérarchie bizarre, désignée sous le nom d'*honneurs*.

Le code de justice hova est très rigoureux. Les causes civiles ou criminelles sont jugées en

Kaba par un jury de notables pris dans la classe même de l'accusé. Il y a trois classes, les princes ou grands chefs, les hommes libres et les esclaves. Les épreuves judiciaires par l'eau, le poison ou le fer, sont en usage.

Il n'y a pas de budget ; les dépenses se couvrent par des impôts, perçus par les chefs de village, et remis par eux aux officiers hovas. Les impôts sont écrasants, sauf pour les Hovas.

La seule monnaie actuellement en circulation est la pièce française de cinq francs ; pour remplacer la monnaie divisionnaire, on coupe la pièce de cinq francs en un nombre indéfini de fragments dont la valeur est déterminée au poids.

L'armée est évaluée par M. Grandidier à trente-cinq mille hommes ; ni soldats, ni officiers ne sont payés, ils s'entretiennent à leurs frais.

L'industrie est peu développée dans l'île de Madagascar, et le commerce y est encore dans l'enfance, par suite de l'absence presque complète de voies de communication, les Malgaches se privant systématiquement de routes, dans la crainte de faciliter les invasions européennes. On porte à 25 millions de francs par an le chiffre des transactions faites dans l'île. Les importations et exportations se font surtout par Maurice et par les Etats-Unis. Dans le mouvement du port de Tamatave, le pavillon français entre à lui seul pour plus de 50 pour cent.

III

TOPOGRAPHIE GÉNÉRALE.

L'île de Madagascar a 1.600 kilomètres (360 lieues) de long du nord au sud et 470 kilomètres (105 lieues) de l'est à l'ouest, dans sa largeur moyenne.

On n'y compte que cinq villes importantes : Tananarive, Fianarantsoua, Tamatave, Mazangaye et Foulepointe.

Toutes les autres villes ne sont, à proprement parler, que des bourgs occupés par une seule et même famille. Les villages les plus importants ne contiennent pas plus d'un millier d'habitants, et la plupart n'atteignent certainement pas le nombre de vingt feux. C'est du reste un pays très peu peuplé, si l'on en excepte la vallée d'Imerne et celle d'Antsianac. On marche souvent une journée entière sans rencontrer une petite bourgade, et il est des régions où l'on est quelquefois quatre jours sans apercevoir une seule maison. M. Grandidier a dû dormir pendant sept nuits consécutives en plein désert.

Politiquement, l'île de Madagascar est divisée aujourd'hui en deux parties bien distinctes qui sont à peu près d'égale étendue : la partie opprimée par les Hovas et la partie indépendante. Nous avons indiqué plus haut quelle est la constitution politique du gouvernement des Hovas. Les tribus malgaches qui

La baie de Diego-Suarez.

ont conservé leur indépendance sont les Antandroys, les Mahafales, les Bares, la plupart des Sakalaves et une partie des Antankares et des Antsianacs. Toutes ces peuplades ont leurs rois comme les Hovas, et leur obéissent comme de véritables sujets.

Foulepointe est un grand village de 4.000 habitants, situé sur un terrain uni, près de la mer, dont il est séparé par une plage de sable. La demeure du gouverneur hova s'élève sur les ruines de l'ancien fort français. Le village contient plusieurs centaines de cases, plus grandes, plus régulières et mieux alignées que celles des autres points de la côte. Les rues sont larges et propres.

Tamatave. — Compte 7.000 habitants. C'est le point contre lequel ont été dirigées nos dernières opérations militaires et navales. Tamatave est le siège le plus important du gouvernement hova sur la côte est de Madagascar. C'est aussi le poste où les Hovas font le plus de commerce et où il y a le plus de blancs.

M. Charnay, qui visita cette ville malgache il y a près de quinze ans, en donne une description étendue. La rue principale, dit-il, est une longue et étroite avenue bordée de minces piquets de bois, servant d'enclos aux maisonnettes éparses sur ses deux côtés. Au bout de cette rue est le quartier malgache, dont les cases sont entièrement faites de ravenal et offrent un aspect très propre et un intérieur coquet. De modestes boutiques y étalent sur les seuils leurs produits hétéroclites : ici de vastes paniers pleins de sauterelles desséchées, là des bouteilles vides, des cotonnades, ailleurs des oiseaux, ailleurs encore d'énormes feuilles de ravenal, servant de nappes, ou bien des fruits, et presque partout la barrique de *betsa-betsa*, liqueur de jus de canne fermentée, mélangée de plantes amères, qui fait une boisson détestable pour les Européens et délicieuse pour les Malgaches.

Plus loin dans la rue, de plus en plus animée, est le bazar ou marché, où, sous des auvents de l'aspect le plus sale, se trouvent les boutiques des marchands hovas, présidant, couchés à l'orientale, à la vente des menus objets éparpillés devant eux. On y vend aussi des viandes et des poissons, et l'atmosphère y est empestée par les émanations du sang des bœufs qu'on tue sur place.

Le pays des Hovas ou Ankova, désigné aussi sous le nom d'Imerina ou d'Emyrne, est, au point de vue politique, le point le plus important de l'île. Montagneux, coupé de nombreux cours d'eau, complètement nu, sans arbres, sans arbustes, il est à peu près inhabité dans les parties accidentées, et au contraire très peuplé dans les vallées et les parties basses. Les collines ne sont pas fertiles ; mais le plus petit vallon, lorsque la situation le permet, est transformé en rizières. Au centre de la province il y a une grande plaine, le Betsimitatatra, qui jadis était un lac ou un marais, et qui forme maintenant un immense champ de riz.

Politiquement, l'Imerina se divise en dix districts. Dans celui d'Avaradrano se trouve la capitale du royaume hova, Antananarive.

Tananarive ou *Antananarive* couvre trois collines allongées du nord au sud, qui se suivent et s'élèvent de 190 mètres environ au-dessus de la plaine de Betsimitatatra. La hauteur du point culminant est de 1.500 mètres. Cette ville contient environ 20.000 maisons en tuiles et plus de 100.000 habitants. Les maisons, pour la plupart en bois, briques cuites au soleil et roseaux, s'échelonnent les unes au-dessus des autres. *Tanan* signifie village, *arivo* mille, et la particule *any* (abr. *an*) est un préfixe indiquant le lieu. Le véritable nom de la capitale hova est donc : *les mille villages*. Le palais de la reine domine un énorme rocher à pic d'où l'on précipitait autrefois les chrétiens. Il s'élève au-dessus de tous les autres édifices et comprend dans son enceinte diverses maisons sacrées.

De loin l'aspect est grandiose et original. On ne voit d'abord à une grande distance que le grand palais de couleur grise qui domine tout ; peu à peu les autres palais du sommet se dégagent, ainsi que les clochers des temples anglicans. A mesure qu'on approche, on aperçoit les cases qui envahissent la montagne dans tous les sens, entassées les unes à côté des autres et ne laissant entre elles que des passages difficiles. Du haut de la ville on a une vue magnifique. C'est un immense panorama, avec des lacs et des rivières qui s'étendent autant que la vue, et à l'horizon des montagnes d'une teinte bleue. Dans les rues, la population a l'air de se promener et de ne rien faire ; la plupart, hommes et femmes vêtus de blanc, nu-pieds, marchent solennellement ou s'accroupissent le long des murailles ; quelques-uns sont portés par des esclaves dans leurs litières ou filanzanes. On ne voit partout que des peaux jaunes, noires, cuivrées, des figures d'un aspect peu gracieux en général ; les uns hautains, les autres plus humbles, à l'air doux et passif (1).

(1) Dr Lacaze.

TROISIÈME PARTIE

I

LE SEIZIÈME ET LE DIX-SEPTIÈME SIÈCLES.

Madagascar a été découvert au seizième siècle par les Portugais. Leurs premiers colons et missionnaires y débarquèrent en 1548. Ils furent massacrés, et le Portugal, découragé par cet essai malheureux, abandonna ses projets sur l'île. La France lui succéda dans cette entreprise. Dès le début du dix-septième siècle, de hardis marins normands, parmi lesquels il faut citer François Canche, de Dieppe, fréquentèrent isolément la Grande-Terre (1638) ; mais nos premiers établissements à Madagascar ne datent que de la création de la *Société de l'Orient*, fondée sous les auspices du cardinal de Richelieu.

Pronis et Fouquembourg furent les premiers agents de cette compagnie. Ils fondèrent un établissement à Manghafia, qu'ils appelèrent la baie de Sainte-Luce et où les fièvres enlevèrent en peu de temps le tiers des colons. Pronis transféra alors le siège de la colonie dans la presqu'île de Tholangure, où il construisit un port qui, successivement agrandi, prit le nom de Fort Dauphin. En même temps il s'emparait à la fin de 1643, au nom du roi, de Sainte-Marie et de la baie d'Antongil, et il établissait des postes à Fénériffe et à Manahar. Malheureusement Pronis compromit tous ces avantages par une administration déplorable, prodiguant inutilement l'or et le sang de la France, dans des guerres souvent inopportunes contre les naturels, dans des dissipations coupables et dans des dissensions intérieures.

Pronis fut remplacé par Etienne de Flacourt. Celui-ci prit le titre de commandant général de l'île de Madagascar. Énergique, éclairé, prudent et sage, il rétablit l'ordre, rappela les exilés, amnistia les coupables, fit respecter son autorité et prit possession de l'île Mascareigne, qu'il appela Bourbon. Flacourt aurait rendu la colonie prospère, s'il avait été secondé par Mazarin, qui l'oublia complètement au point de laisser les colons de Madagascar pendant sept ans sans nouvelles de la France, et si, au lieu d'employer la douceur à l'égard des naturels, il avait eu recours à la politique de la force, appelant à son aide le pillage, l'incendie, la terreur. Cependant, quoique livré à lui-même, il parvint à soumettre à l'obéissance du roi de France trois cents villages malgaches. Trois ans après, il quitta l'île pour aller chercher des secours en France, d'où il repartit bientôt avec le titre de directeur général de la Société ; mais il se noya pendant la traversée. La personnalité d'Etienne de Flacourt tient une place considérable dans l'histoire de la grande île malgache. Cet homme remarquable, dont la mémoire n'a pas été assez honorée jusqu'à ce jour, ne fut pas seulement le véritable fondateur de notre influence à Madagascar ; il fut aussi le promoteur de toutes les recherches scientifiques faites par les Européens dans l'île. Son *Histoire de la grande isle de Madagascar*, publiée en 1658 et dédiée à Fouquet, est une œuvre hors ligne qui sert encore aujourd'hui de base à toutes les investigations.

En quittant l'île, Flacourt avait laissé le commandement de la colonie à Pronis. Avec ce dernier le désordre recommença, et, à sa mort, les razzias et le carnage devinrent la tactique unique de ses lieutenants. Ceux-ci s'attirèrent de sanglantes représailles. Les indigènes les cernèrent et les auraient tous massacrés, sans l'intervention d'un Français, La Case, qui avait épousé la fille du chef de la vallée d'Amboulle. Mais la paix était à peine rétablie que de nouvelles difficultés surgirent et aggravèrent la situation. Le Père Etienne, missionnaire chrétien, ayant voulu convertir le dernier chef malgache resté fidèle aux Français, paya son zèle de la vie. Le commandant de Champmagou voulut venger cet acte et ne parvint qu'à rendre plus acharnée l'hostilité des indigènes. La Société de l'Orient traîna péniblement son existence et fut dissoute en 1664, date de l'expiration de son privilège.

La même année, Colbert fonda, sous la dénomination de Compagnie orientale, une nouvelle Société de commerce, sur le modèle des compagnies anglaises créées en 1660. Cette Société, dont le capital s'élevait à 15 millions, et à laquelle prirent part le roi, la cour, la magistrature, les villes, les corporations, reçut la concession de l'île de Madagascar, qui prit la dénomination d'île Dauphine, et à laquelle on donna, dans le sceau royal, le nom de France orientale. La Compagnie royale dirigea mal ses opérations, choisit mal ses postes et ses agents. Les désastres et les dilapidations se renouvelèrent.

En 1672, pendant la nuit de Noël, les Français, assaillis à l'improviste dans une église par les Malgaches, furent presque tous massacrés à Madagascar. Les colons échappés de Fort Dauphin se réfugièrent à Bourbon.

Cependant, malgré ses revers, la France ne renonça jamais à ses droits.

II

LE DIX-HUITIÈME SIÈCLE.

Il y eut un intervalle de cent ans entre le second et le troisième établissement des Français à Madagascar.

C'est en 1773 seulement que le duc de Choiseul reprend les grands desseins de Richelieu, en confiant au comte hongrois Maurice Benyowski la mission de fonder un grand établissement dans la baie d'Antongil.

La vie de Benyowski n'avait été jusqu'alors qu'une succession d'aventures et de prouesses que nous n'avons pas à raconter ici. Le hasard le conduisit à Fort-Dauphin, puis à Lorient, d'où il se rendit à Paris. La société alors si frivole de la capitale s'éprit de l'aventurier hongrois, véritable héros de roman. Le duc d'Aiguillon ne craignit pas de le charger de relever notre drapeau dans la France orientale. Arrivé dans la baie d'Antogil, Benyowski construisit aussitôt une ligne de forts et de postes le long de la côte orientale, explora le pays, perça des routes et des canaux, noua des alliances avec les chefs indigènes et conquit un tel prestige dans l'île que les naturels de l'est le proclamèrent roi. Mais les colons de Bourbon cherchèrent à le perdre. Pour se justifier des calomnies dirigées contre lui, il revint à Paris et y fut accueilli avec enthousiasme. Dix ans après, le roi de Madagascar reparut à Antongil, avec une poignée d'aventuriers américains. Le gouverneur de l'Ile-de-France reçut l'ordre d'empêcher sa restauration et mouilla, avec un navire de guerre, dans la baie d'Antongil. Benyowski résista, enfermé dans le fort de Mauritina avec deux blancs et trente indigènes, et tandis qu'il pointait un canon contre les Français, une balle le tua.

III

LE DIX-NEUVIÈME SIÈCLE.

PREMIÈRE PÉRIODE.

La Restauration et Radama I.

De 1642, année de la fondation de Fort Dauphin, jusqu'en 1786, date de la mort de Benyowski, les établissements français de Madagascar avaient été tour à tour occupés, abandonnés et réoccupés sans aucun esprit de suite. Cette politique se poursuivit sous la Révolution; mais le dix-neuvième siècle s'ouvrit pour nos projets de colonisation sous des auspices plus favorables.

Napoléon Ier s'en occupa dès 1804 et chargea Sylvain Roux de faire une expédition à Madagascar. Cette entreprise fut conduite avec vigueur; mais la chute de l'Empire en arrêta les progrès et la fit avorter définitivement.

Sous la Restauration, la perte de l'Ile-de-France nous avait dépourvus de tout point de relâche à l'est du cap de Bonne-Espérance, l'île Bourbon n'ayant pas de rade ni de ravitaillement. Dans ces conditions, il devenait indispensable pour la France de chercher à tirer parti de Madagascar. En 1819, une nouvelle expédition fut confiée à Sylvain Roux, qui arbora notre pavillon dans l'île.

Ce fut alors que les Anglais suscitèrent des embarras à la France. Un changement politique considérable venait de modifier la situation intérieure de l'île. Le grand chef de Tananarive Dianampouine avait trouvé un digne successeur dans son fils Radama. Celui-ci ne cherchait qu'un appui pour réaliser ses desseins d'usurpation. Il le trouva dans le gouverneur anglais de Maurice, sir Robert Farquhar, dont l'agent James Hastie, sergent anglais, qui avait commencé l'éducation des deux frères de Radama, sut habilement se concilier l'amitié du roi des Hovas et de ses conseillers. Bientôt Radama signa un traité d'alliance avec les Anglais.

La politique de sir Robert Farquhar fut alors triple : organisation militaire des Hovas, propagation religieuse par les missionnaires, colonisation industrielle par les ouvriers anglais.

Pendant ce temps, Sylvain Roux s'était installé dans l'île Sainte-Marie et dans l'îlot Madame. L'Angleterre prétendit que l'île était indépendante, et qu'aucune nation ne pouvait revendiquer des droits de propriété sur tout ou partie de Madagascar. Des chefs Betsimisaracs étant venus faire acte de soumission à la France, Radama déclara nulle toute cession de territoire qu'il n'aurait pas ratifiée, et un corps de Hovas s'empara de Foulepointe. Excités par les Anglais, les Hovas, au nombre de 4.000, vinrent sommer les six Français qui gardaient les ruines de Fort Dauphin d'évacuer ce poste. En dépit d'une conclusion d'armistice, les six assiégés furent saisis et enchaînés, et le pavillon français fut arraché. M. de Freycinet, alors gouverneur de Bourbon, n'avait pas le moyen de venger cette insulte. Il fut obligé de temporiser et de se borner à envoyer chercher le détachement français, qui s'était réfugié à Sainte-Luce.

Dans le même moment, l'influence anglaise, qui avait favorisé, sinon déterminé l'agression de Fort Dauphin, recevait une nouvelle force : Radama, par un décret du 18 juin 1825, permit l'entrée de tous les navires anglais dans les ports de Madagascar et autorisa les Anglais à résider dans l'île, à y commercer, à y construire des navires, à y bâtir des maisons et à y cultiver des terres.

SECONDE PÉRIODE DU DIX-NEUVIÈME SIÈCLE.

La reine Ranavalo Ier.

Sur ces entrefaites, un grand événement se produisit : Radama mourut le 24 juillet 1828, peu de temps après James Hastie. Les Hovas proclamèrent reine la femme de Radama, sous le nom de Ranavalo Ier. Une réaction terrible eut lieu contre la politique et les partisans de Radama ; plusieurs de ses parents, sa mère, sa sœur, furent égorgés ; les traités avec les Anglais furent déchirés, le résident Lyall fut chassé par la multitude furieuse sous l'instigation des prêtres des idoles, ennemis acharnés de la propagande protestante. Le gouvernement de Charles X crut devoir mettre cette situation à profit pour intervenir et revendiquer les droits de la France. Une flottille française, commandée par l'amiral Goubeyre, jeta l'ancre devant Tamatave, et notifia à Ranavalo nos prétentions. Celles-ci étant restées sans réponse. Tamatave fut bombardé. Nos troupes, après avoir essuyé un léger échec, battirent les Hovas en deux rencontres, et Ranavalo demanda la paix. Les négociations n'étaient pas achevées lorsque éclata la révolution de 1830.

Le gouvernement de Juillet abandonna la politique agressive, tout en maintenant nos droits sur Madagascar. Louis-Philippe ordonna d'évacuer Tintingue que l'amiral Goubeyre avait rebâti. Sainte-Marie nous fut toutefois conservée. Pendant ce temps, la reine Ranavalo, passionnément attachée au culte des idoles, consacrait toute son énergie à l'abolition du christianisme à Madagascar, et répondait aux doléances des missionnaires anglais par des édits de plus en plus rigoureux. La politique anglaise aboutissait, après vingt ans d'intrigues, à une ruine complète. Le 18 juin 1835, les missionnaires anglais abandonnèrent définitivement la capitale des Hovas.

Tel était l'état des choses à Madagascar, lorsque les indigènes appelèrent eux-mêmes nos armes à leur secours, pour échapper aux persécutions des Hovas. Les Sakalaves, un des peuples les plus considérables de l'île, crurent pouvoir échapper à la barbare oppression des anciens parias en invoquant notre aide. Un grand nombre de Sakalaves s'étaient réfugiés à Nossi-Bé et dans les îles voisines. Ils offrirent à l'amiral de Hell, alors gouverneur de Bourbon, de céder à la France le territoire qu'ils possédaient, et leur roi Tsimiaro signa en avril 1841 un traité qui nous donnait les îles entourant le royaume d'Ankara. Le gouvernement français ratifia ces conventions, et Mayotte, Nossi-Bé, Nossi-Mitsiou, Nossi-Cumba furent déclarées possessions françaises.

La reine Ranavalo, irritée de notre présence dans le canal de Mozambique, chassa les commerçants européens de Tamatave, laissa piller leurs marchandises et dévaster leurs propriétés. Le commandant Romain Desfossés ouvrit alors le feu sur la ville malgache ; mais le manque de munitions ne lui permit pas d'occuper la place, et cette démonstration inutile n'eut d'autre résultat que d'augmenter les cruautés des Hovas à l'égard des colons. Ranavalo fit exposer le long des côtes les têtes de nos marins tombés au pouvoir de l'ennemi et se vanta d'avoir vaincu les Anglais et les Français coalisés. Le gouvernement de Louis-Philippe accueillit ces actes et ces paroles avec indifférence ; les atrocités continuèrent dans l'île. Le 19 octobre 1846, M. d'Arvoy, colon français, exploitant une mine de houille dans la baie de Bavatoubé, fut égorgé avec d'autres Français et un grand nombre de Sakalaves. La monarchie de Juillet laissa cet outrage impuni.

Cependant notre influence subsistait dans l'île, malgré le régime de terreur organisé par Ranavalo et son premier ministre Rainizouare. Quelques-uns de nos compatriotes, et notamment M. de Latsselle et M. Jean Laborde, avaient su garder leur crédit auprès de la reine et y poursuivaient isolément notre œuvre de civilisation. M. de Lasselle, qui séjourna vingt ans dans l'île, y introduisit nos céréales, le blé, l'orge, l'avoine, et plusieurs de nos arbres fruitiers. M. Jean Laborde, fils d'un maître sellier et forgeron d'Auch, jeté par une tempête sur la côte de l'île et recueilli par un chef Hova, gagna les sympathies de la sanguinaire et capricieuse reine de Tananarive et de ses sujets. Avec un génie d'une rare souplesse, une persévérance incroyable, un amour profond de la France, ce grand homme ignoré, qui attend encore, comme de Flacourt, sa récompense, réalisa une œuvre extraordinaire. Industriel philosophe, Franklin pratique, égaré parmi les sauvages, il fut l'âme d'une des plus grandes entreprises que l'on puisse concevoir. Par un effort gigantesque d'une volonté de fer uniquement vouée au bien, il inaugura les arts de la civilisation au milieu d'une nation barbare et cruelle, il y fonda l'industrie mécanique, et occupa jusqu'à 10.000 ouvriers (1).

Un autre négociant français, établi dans l'île Maurice, M. Lambert (de Redon), joua presque à la même époque, et grâce à M. Laborde, un rôle de premier ordre à Madagascar. Intelligent, actif, plein de cœur, aimant passionnément la France, il servit nos intérêts dans l'île en se conciliant l'amitié de la reine Ranavalo et du prince Rakout, héritier présomptif très épris de la civilisation européenne. En 1854, il écrivit à Napoléon III pour lui demander des troupes et des ingénieurs. Il devint ainsi le

(1) Vinson.

plénipotentiaire du gouvernement hova auprès de la France, et tout permettait de croire que ses efforts seraient couronnés de succès. En 1856, il se rendit à Paris pour plaider sa cause. Mais les méthodistes et la diplomatie anglaise profitèrent de son absence pour ourdir des intrigues. Le missionnaire Ellis reçut de lord Clarendon une mission secrète, et arriva à Tananarive avec des lettres qui l'accréditaient comme « ayant toute la pensée et la confiance du gouvernement britannique ». Il excita aussitôt la défiance contre M. Lambert, qu'il dénonça comme un espion, accusa la France de desseins d'invasion, et par là même d'une expédition française qui devait détrôner Ranavalo au profit de Rakout.

M. Lambert avait été accueilli avec un vif intérêt par Napoléon III ; mais la guerre de Crimée occupait alors tous les esprits, et toute idée au sujet du protectorat fut ajournée. Les Anglais voulurent frapper alors un grand coup. Ils répandirent le bruit qu'une nouvelle conspiration politique et religieuse se tramait contre la reine. Celle-ci consulta ses ombiaches, et, sur leur avis, les Français amis de Rakout, MM. Laborde, Lambert et leurs familles, furent exilés en 1857 (1).

(1) Parmi ces exilés se trouvait la célèbre voyageuses autrichienne Mme Ida Pfeiffer, dont nous avons raconté la vie et les aventures dans notre ouvrage intitulé : *Les Exploratrices au XIXe siècle.* (Paris, H. Lecène et H. Oudin.)

IV

L'ÉPOQUE CONTEMPORAINE.

PREMIÈRE PÉRIODE.

Napoléon III et Radama II.

Ranavalo mourut le 18 août 1861, et avec elle disparut l'influence du vieux parti hova. Rakout, proclamé roi sous le nom de Radama II, rappela ses amis proscrits, rouvrit l'île aux étrangers, et envoya M. Lambert comme ambassadeur en France, après l'avoir créé duc d'Imerne. Napoléon III reconnut Radama II comme roi de Madagascar, et le commandant Dupré représenta l'empire aux fêtes du couronnement. Un traité fut signé par lequel Radama II accordait la liberté de conscience, la juridiction des consuls, la liberté de circulation, le droit aux Européens, et spécialement aux Français, d'acheter, de vendre, de prendre à bail, d'exploiter les terres, maisons et magasins, M. Laborde fut nommé consul de France à Tananarive. La grande île allait enfin s'ouvrir pacifiquement à notre commerce et à notre industrie, par la seule influence de deux hommes de bien et de cœur, de deux grands Français, dont le nom devrait être inscrit en lettres d'or dans nos annales.

M. Lambert s'occupa alors de fonder à Paris,

avec le concours du gouvernement français et sous le patronage direct de Napoléon III, la *Compagnie de Madagascar*, créée au capital de 50 millions et ayant pour objet de servir nos intérêts nationaux, qui n'étaient garantis que par des traités toujours précaires.

Tandis que tant d'efforts se faisaient pour la cause de la civilisation, les méthodistes anglais se coalisaient avec les vieux Hovas et les *sikidys* fanatiques. Quand la mission française envoyée pour étudier, de concert avec le roi de Madagascar, les ressources et les besoins de l'île, arriva à Tamatave, elle apprit qu'une révolution avait éclaté. Radama II avait été égorgé, et ses partisans emprisonnés ou étranglés. Les traités furent déchirés, et la Compagnie de Madagascar dissoute. La France n'obtint qu'à grand'peine, en 1866, une indemnité de 900.000 francs de la nouvelle reine des Hovas, Rasoahérina, veuve de Radama II.

DEUXIÈME PÉRIODE.

La République française et Ranavalo II.

La reine Rasoahérina mourut en 1869 et fut remplacée par sa cousine Ramoma, qui prit le nom de Ranavalo II.

La nouvelle reine signa avec la France, le 4 août 1868, un traité accordant aux Français la liberté de religion, la faculté de s'établir où ils le jugeraient convenable, d'acquérir des biens meubles ou immeubles, de se livrer, en pleine sécurité, à toutes les opérations commerciales et industrielles reconnues par la législation intérieure.

C'est ce traité, non respecté, qui allait bientôt donner lieu à un nouveau conflit entre notre gouvernement et celui des Hovas.

Dès la date de sa signature commencèrent les manœuvres sourdes de l'Angleterre. Ranavalo II avait épousé son premier ministre Raïnilaiarivoni, et tous deux s'étaient convertis au protestantisme. La mission anglaise de Tananarive recouvra dès ce moment le rôle prépondérant qu'elle avait eu sous Radama I. Reprenant le programme de sir Robert Farquhar, elle enveloppa l'île d'un réseau de propagande. Les sectes méthodistes rivalisèrent de zèle et d'intrigues, opérant la conversion en masse des Malgaches par tous les moyens licites et autres, et introduisant la religion, l'imprimerie, la photographie, voire la pharmacie (témoin l'affaire Shaw), dans les rouages actifs de la politique britannique.

En 1881, le consul de France à Tananarive, M. Bauvais, signala au gouvernement de la République certains projets menaçants des Hovas contre nos établissements du canal de Mozambique (1). Le ministre des affaires étrangères de

(1) Livre jaune (1881-1883).

Ranavalo II refusait de régler la succession de M. Laborde, décédé en 1878, et prétendait, malgré l'article 4 du traité de 1868, que les Français n'avaient pas le droit de posséder des terres à Madagascar. Le gouvernement malgache repoussa toute offre de transaction de la part des héritiers de M. Laborde. Les intérêts des nationaux étaient donc lésés. La République française avait le devoir de les défendre. En même temps elle devait sauvegarder l'intérêt supérieur du pavillon et des droits de la France.

Les événements se précipitèrent. Nos alliés sakalaves du nord-ouest furent bientôt l'objet de vexations et de menaces, auxquelles M. Baudais lui-même n'échappa point. Le 17 mai 1882, le ministre des affaires étrangères de Ranavalo II refusait formellement d'enlever le pavillon hova de la côte ouest et niait nos droits sur cette partie de l'île. L'attitude des Hovas devint agressive : le directeur d'une plantation française fut assassiné ; enfin les Hovas occupèrent notre poste français de Mazangaye.

Sur l'ordre de notre gouvernement, le commandant Le Timbre appareilla pour Tamatave. Le 16 juin, il fit abattre le drapeau hova. Cette nouvelle produisit une grande sensation dans toute l'île. Les populations opprimées par les Hovas commencèrent à espérer leur délivrance. Les Hovas, d'abord très irrités, se décidèrent, après avoir reçu de bons conseils, à envoyer une ambassade à Londres et à Paris, où elle arriva à la fin d'octobre 1882. A Paris, ces négociations échouèrent complètement. L'Angleterre offrit *ses bons offices* à la France pour régler notre différend avec les Hovas. M. Duclerc, à cette époque ministre des affaires étrangères, déclina cette médiation.

On connaît le dénouement de cette comédie jouée à Paris pendant que la tragédie se poursuivait à Tamatave. M. de Mahy, ministre intérimaire de la marine et des colonies, fit partir l'amiral Pierre et lui donna pour première instruction de chasser les Hovas de toute la côte, depuis Mazangaye jusqu'à la baie d'Antongil. Avec une promptitude et une sûreté d'action admirables, et une habileté militaire, que l'histoire se chargera d'éclairer de son vrai jour, l'amiral Pierre enleva le point désigné, malgré les protestations hautaines du commandant anglais Johnstone.

La guerre continua. L'amiral Pierre, étant venu à mourir, fut remplacé par l'amiral Galiber, qui poursuivit les opérations commencées. Tous les forts et les postes du nord-ouest, du nord-est et du sud-est de l'île furent successivement détruits ou occupés, Cette action militaire énergique força les Hovas à entamer de nouvelles négociations. Le commissaire du gouvernement français reçut de M. Jules Ferry, ministre des affaires étrangères, des instructions relatives à ces pourparlers, qui échouèrent. Dans la séance de la Chambre des députés du 27 mars 1885, M. Jules Ferry, président du conseil des ministres, s'exprima en termes énergiques sur les intentions du gouvernement de la France et sur notre devoir de n'écarter aucun moyen pour terminer ce conflit. Cette politique, repoussant toute velléité d'abandon de nos droits à Madagascar, fut modifiée par la chute du ministère Ferry au commencement de 1885. M. de Frycinet, devenu ministre des affaires étrangères, chargea M. Patrimonio, consul général de France à Zanzibar, de suivre les négociations avec les Hovas, avec le concours de l'amiral Miot, commandant en chef de l'expédition. Les plénipotentiaires entrèrent en conférence, et, le 17 décembre 1885, un traité fut conclu entre le gouvernement de la République et la reine de Madagascar.

LE TRAITÉ DU 17 DÉCEMBRE 1885

Par ce traité, la France fait l'abandon de ses droits historiques, et reconnaît la reine des Hovas comme reine de Madagascar. En échange de ces concessions, la cour d'Emyrne nous donne la direction absolue de ses affaires extérieures, accorde aux citoyens français le droit de résider et de circuler dans tout le royaume, de louer, pour une durée indéterminée et sans intervention de l'État malgache, les biens, meubles et immeubles, nécessaires aux établissements et aux industries qu'ils veulent créer. Nos nationaux restent justiciables de l'autorité française et, en cas de litige avec les Malgaches, portent leurs griefs devant le résident assisté d'un juge malgache. Une clause spéciale du traité stipule que le gouvernement de la reine des Hovas s'engage à traiter avec bienveillance les populations de la côte nord-ouest, Sakalaves et Antankares, qui étaient depuis 1840 sous notre protection effective. La France conserve, en outre de ses anciennes possessions de Nossi-Bé et Sainte-Marie, la baie de Diego-Suarez avec une bande de territoire. Le gouvernement de la reine s'oblige à payer et à verser dans la caisse du Trésor français la somme de 10 millions de francs, garantie par l'occupation française de Tamatave jusqu'au parfait paiement.

Un décret du 9 mars 1886, rendu par le président de la République sur la proposition de M. de Freycinet, président du conseil, investit des fonctions de résident général à Madagascar M. le Myre de Vilers, ministre plénipotentiaire de première classe et ancien gouverneur de Cochinchine.

Un décret du 7 mars 1886 détermine les pouvoirs du résident général. Il est nommé par décret présidentiel et relève du ministère des affaires étrangères. Il exerce toutes les attributions prévues par le traité du 17 décembre et par toutes les autres conventions intervenues ou à intervenir avec le gouvernement hova. Il préside aux relations extérieures du gouvernement hova, ainsi qu'aux rapports entre les autorités malgaches et les agents français. Il a sous ses ordres les services français et les commandants de son escorte militaire et de la flottille affectée au service de l'île. Il a sous son autorité les fonctionnaires et officiers mis par le gouvernement français à la disposition du gouvernement hova. Il réside officiellement à Tananarive et est assisté par un résident adjoint, siégeant à Tananarive. Les agents français, précédemment chargés d'exercer les attributions consulaires, porteront désormais les titres de résident et vice-résidents. Ils relèveront du résident général. Celui-ci a seul le droit de correspondre avec le gouvernement de la République. Il communique avec les divers départements, mais par l'intermédiaire du ministre des affaires étrangères, et correspond directement avec les commandants des établissements français voisins de Madagascar, ainsi qu'avec la Réunion, Zanzibar et Aden. Les établissements français à Diego-Suarez constituent un service distinct placé sous l'autorité directe du ministre de la marine et des colonies.

Un troisième décret du 8 mars 1886 stipule

que la juridiction française sera concentrée entre les mains du résident général.

En résumé, le traité du 17 décembre 1885 et les décrets qui en résultent nous donnent le protectorat politique du royaume de Madagascar. Notre résident général n'aura, il est vrai, à intervenir dans aucune des questions du gouvernement intérieur, mais l'action de la France pourra se faire sentir dans les affaires intérieures du royaume malgache, si la reine réclame le concours de nos officiers pour organiser son armée et de nos nationaux pour diriger ses finances et ses travaux publics.

C'est à la France, par conséquent, à son action énergique et loyale, qu'il appartient de faire rentrer les Malgaches dans cette voie de progrès où les avait poussés Radama II. Les Hovas ont pu se rendre compte des résultats funestes que leur a donnés la politique de résistance et des résultats bienfaisants que peut leur assurer la politique d'entente et de sincérité.

Sans doute la tâche du résident général français à Tananarive ne sera pas toujours facile, et le diplomate chargé de ces fonctions aura à déployer dans ce poste de véritables qualités d'homme d'Etat, car, à une grande prudence, il devra allier une grande fermeté et beaucoup d'esprit de conciliation. L'expérience aujourd'hui tentée par la France ne vaudra que par l'homme qui la représentera à la cour d'Emyrne. Elle sera, quoi qu'il en soit, intéressante à suivre, parce qu'elle donnera la preuve de ce que l'on peut attendre du système des protectorats. Mais nous croyons que cette expérience sera décisive si le résident général sait s'inspirer des grandes idées patriotiques de Flacourt, de Laborde et de Lambert.

BIBLIOGRAPHIE GÉNÉRALE.

BAINIER. *L'Afrique* (1878).

BARBIÉ DU BOCAGE. *Madagascar* (1862).

BENYOWSKI. *Voyages et mémoires* (1791).

BROSSARD DE CORBIGNY. *Un voyage à Madagascar* (1862).

CARAYON. *Histoire de Madagascar pendant la Restauration* (1845).

D'ESCAMPS (Henry). *Histoire et géographie de Madagascar* (1884).

COMMANDANT DUPRÉ. *Trois mois de séjour à Madagascar* (1863).

ELLIS. *Three visit to Madagascar* (1858).

FLACOURT (Et. DE). *Histoire de la grande île de Madagascar* (1611).

GRANDIDIER (A.). *Histoire physique, naturelle et politique de Madagascar*, en cours de publication (20 volumes) (1876-1884).

Dr LACAZE. *L'île Bourbon, l'île de France, Madagascar* (1881).

LANIER. *L'Afrique* (1885).

PFEIFFER (Mme Ida). *Voyage à Madagascar.*

SHAW. *Madagascar et la France* (Ouvrage anglais).

SIBRÉE. *Madagascar*, ouvrage anglais traduit par H. Minot (1873).

SIMONIN. *Les pays lointains* (1867).

VAYSSIÈRE (le P. DE). *Histoire de Madagascar.*

VINSON. *Voyage à Madagascar.*

CHARNAY. *Madagascar à vol d'oiseau* (*Tour du Monde*, t. X).

Voir également, dans la collection du *Bulletin de la Société de géographie*, les nombreux articles de M. Grandidier; dans la *Revue maritime et coloniale*, ceux du Dr Lacaze; dans la *Revue des Deux-Mondes*, ceux de MM. E. Blanchard, Lavollée, Simonin.

Voir aussi les *Livres Jaunes* sur Madagascar publiés par le ministère des Affaires Etrangères en 1884 et en 1886.

TABLE DES MATIÈRES.

Poitiers. — Typographie Oudin.

www.ingramcontent.com/pod-product-compliance
Lightning Source LLC
LaVergne TN
LVHW010035230826
846091LV00005B/1707

* 9 7 8 2 0 1 3 4 3 2 6 2 7 *